MÉMOIRE

PRÉSENTÉ

A MM. LES PRÉSIDENT ET MEMBRES DU CONSEIL DE RÉVISION

SÉANT A VERSAILLES

A L'APPUI DU POURVOI FORMÉ

Par GUSTAVE MAROTEAU

Homme de lettres

Condamné à la peine de mort par le 3ᵉ Conseil de guerre

CONSEIL DE RÉVISION

SÉANCE DU 19 OCTOBRE 1871

MM. le général Dubost (génie), Président.
Poizat, colonel d'artillerie,
Fradin de Linières, lieutenant-colonel au 67ᵉ de ligne,
Huch, chef de bataillon de l'État-Major des plans,   } Conseillers
Gougelet, major au 22ᵉ régiment d'artillerie,
D'Arnault, commissaire du Gouvernement.
Girard, greffier.

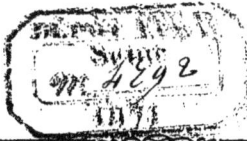

PARIS

TYPOGRAPHIE ROUGE FRÈRES, DUNON ET FRESNÉ

Rue du Four-Saint-Germain, 43

—

1871

AVANT-PROPOS

Le 28 février 1766, un tribunal criminel siégeant à Abbe-ville, condamnait à la peine de mort un jeune homme de vingt-deux ans, le chevalier de la Barre, pour offense à la religion.

Un cri de profonde et douloureuse surprise s'éleva alors dans toute l'Europe; les avocats en appelèrent aux crimina-listes, à Beccaria, aux littérateurs... à Voltaire! leurs efforts furent appréciés, car l'histoire, plus tard, leur a donné raison. Quand de la Barre marcha au supplice, sans plainte, sans colère, sans ostentation, tout ce qu'il dit se réduisit à ces paroles :

« Je ne croyais pas que l'on pût faire mourir par jugement « un homme pour si peu de chose. »

Que l'on veuille bien me pardonner cette entrée en matière, alors qu'il s'agit ici d'une discussion de droit pur; mais, que l'on y prenne garde, le cas de Maroteau est tout à fait le même que celui du chevalier de la Barre.

Le nouveau condamné de vingt-deux ans, qui n'a accompli aucun acte extérieur, ce complice qui n'a été confronté avec aucun auteur principal, cet homme de lettres qui écrivait, lui-même, avec inconscience, son arrêt de mort, quand il rédi-geait « la Montagne » pendant la Commune, pourrait dire un jour :

« Je ne savais pas qu'un écrivain s'exposât à être condamné « à mort pour avoir uniquement, par ses écrits, applaudi à une

« lutte engagée en dehors de lui, surtout quand les chefs de
« parti, jugés et condamnés, ont eu la vie sauve. »

L'opinion publique, en ce moment encore si hostile aux
hommes de la Commune, a déjà, pour ainsi dire, devancé cette
parole. La mort, a-t-on dit de toute part, pour ce jeune homme
de vingt-deux ans !.....

C'est la loi, ont répondu quelques-uns.

Non, ce n'est pas la loi. Je le prouverai la plume à la main.
Plusieurs fois, j'ai tenté devant les conseils de guerre de parler
droit; mais nous vivons dans un temps où la passion s'empare
facilement des discoureurs : une interruption se produit à
l'audience ; vite, le droit s'efface, la parole hésite, s'irrite des
obstacles, bondit et dépasse le but proposé, l'avocat lui-même
oublie d'expliquer la loi pour s'emparer d'un fait. L'avocat a
tort, et alors, après le débat, il souffre cruellement de n'avoir
pas réussi à faire pénétrer dans l'esprit de ses juges la convic-
tion qui l'animait.

C'est ce qui m'arrive aujourd'hui pour Gustave Maroteau.
Aussi, — je me le suis promis, — je ferai trêve aux paroles; j'en-
tasserai les textes, les autorités les plus incontestables ; et si la
sentence dont je réclame la révision est maintenue, ma con-
science au moins sera tranquille : j'aurai fait mon devoir.

PROPOSITION

—

L'art. 73 du Code militaire dit :

« Les conseils de révision ne connaissent pas du fond des
« affaires. »

Cette prescription sera toujours présente à ma mémoire, et
à partir de ce moment je délaisse mon pauvre condamné,
dussé-je entendre proclamer partout autour de moi, que c'est
un être féroce, indigne de pitié.

Je concède tout cela, pour les besoins de ma discussion, je
ne fais pas appel à la pitié, mais à la loi seule.

La démonstration que je me propose de faire est celle-ci :

« La peine prononcée par la loi n'a pas été appliquée au
« fait déclaré constant par le 3ᵉ Conseil de guerre.

« La peine a été prononcée en dehors des cas prévus par la
« loi. » (Art. 74, § 3 du Code militaire.)

1° Parce que la complicité légale n'a pas été même indi-
quée ;

2° Parce que l'art. 60 du Code pénal n'a pas été visé ;

3° Parce que la question constitutive de la complicité n'a
été ni posée aux juges, ni résolue par eux.

———

EXPOSITION

—

De la loi de 1819. Son esprit.

La liberté de la presse, méconnue sous le premier empire,
fut aussi assez maltraitée sous la première restauration, « qui
« avait ramené de la terre étrangère une foule d'hommes

« restés pendant vingt-cinq ans spectateurs indifférents ou
« stupides des effets politiques de la révolution. La presse,
« pour eux, c'était 1789, 1793. De là, le combat qui s'éleva
« entre leurs prétentions et la Charte, et qui, plus que toute
« autre cause, amena le 20 mars (1) et ses déplorables sui-
« tes (2). »

L'empereur voulut exploiter cette faute aux Cent Jours : il
flatta la presse. Trop tard !

Lors de la deuxième restauration, les vieux royalistes firent
une réaction des plus violentes; des conseils de guerre furent
installés partout, on ne parla plus qu'attentats pour renverser
le gouvernement, quand c'était le gouvernement qui avait fui
devant l'usurpateur (style du temps).

Le droit de grâce fut contesté au roi; les condamnations à
mort se multiplièrent, et l'on assista à ce spectacle, de crimi-
nels, condamnés à l'unanimité, en 1815, à la peine capitale,
parvenant à s'enfuir, et acquittés à l'unanimité, en 1819, alors
qu'ils venaient se livrer à la justice de leur pays.

La réaction dépassa le but, et les lois de 1819 sur la presse
apparurent comme des signes sauveurs.

Ce sont ces mêmes lois qui aujourd'hui ont été, — c'est mon
opinion, — interprétées faussement par le 3ᵉ Conseil de guerre.

L'article 1ᵉʳ de la loi du 17 mai 1819 est ainsi conçu :

« Quiconque, soit par des discours, des cris ou menaces
« proférés dans des lieux ou réunions publiques, soit par des
« écrits, des imprimés, des dessins, des gravures, des pein-
« tures ou emblèmes vendus ou distribués, mis en vente, ou
« exposés dans des lieux ou réunions publics, soit par des
« placards et affiches exposés aux regards du public, aura pro-
« voqué l'auteur ou les auteurs de toute action qualifiée crime
« ou délit à la commettre, sera réputé complice et puni comme
« tel. »

Voyez, dit-on, c'est parfaitement clair, la discussion n'est
même plus possible : Maroteau a provoqué au meurtre de

(1) 20 mars 1815.
(2) J'extrais ces lignes d'une brochure publiée en 1819 sur la liberté de la
presse, chez Pillet aîné, éditeur, à Paris.

l'archevêque de Paris, car il a écrit, le 18 avril, un article dans « *la Montagne*, » où il parlait de la mort probable de monseigneur Darboy, si le gouvernement ne mettait Blanqui en liberté. D'où cette conséquence : il y a crime d'assassinat ; et comme la provocation suffit dans l'espèce pour établir la complicité ; comme le complice est puni de la même peine que l'auteur principal, aux termes de l'art. 59 du Code pénal ; comme enfin l'art. 302 punit l'assassin de la peine de mort, Maroteau doit être condamné à mort.

Ce raisonnement, à l'usage des gens du monde, est insoutenable en droit.

Et la complicité, comment l'établit-on ?

Sur un mot sans doute.

« Sera *réputé complice*, » dit le texte, et ici les juges se sont égarés.

Ils ignoraient sans doute, que ce vieux terme *réputé*, veut dire dans la langue du droit, — *présumé*; ils n'ont pas songé que les mots comme les réputations se renouvellent, et qu'en 1871, on ne condamne personne à mort, pas même un écrivain, sur un mot vieilli, rencontré dans une vieille loi, que les hommes nouveaux ont conservée avec soin, incapables qu'ils sont de dépasser leurs aïeux, dans la sage pratique de la liberté.

La loi de 1819 aurait donc créé les crimes et délits de presse à côté des crimes et délits de droit commun ?

Il y aurait donc une complicité légale pour les uns, une complicité légale pour les autres ?

Si l'on répondait affirmativement sur ces deux dernières questions, la loi de 1819 qui, jusqu'à ce jour, a été considérée comme un progrès, n'eût été, en réalité, qu'un recul considérable.

Heureusement, il n'en est rien. Le législateur de 1819, au contraire, a adouci les lois existantes alors, il n'a pas créé une complicité spéciale pour les crimes auxquels un écrivain pourrait provoquer, puisqu'il a abrogé la loi de novembre 1815 sur la provocation indirecte.

Il n'a pas créé les crimes et délits de presse à côté des crimes et délits de droit commun, puisqu'au contraire, en abrogeant les art. 102 et autres du Code pénal, il a rétréci le cadre, en

indiquant d'une façon précise que le crime était toujours le crime, qu'il fût commis, soit par le moyen de la presse, soit à l'aide de tout autre instrument.

DISCUSSION

I

Je viens d'énoncer la théorie, la seule vraie ; je vais maintenant administrer mes preuves, et je les trouve d'abord dans les rapports des ministres en 1819, lors de la présentation des projets de loi.

Dans la séance de la Chambre des Députés du 22 mars 1819, M. le garde des sceaux vint présenter trois projets de loi, qui devaient former l'ensemble de la législation sur la presse. En exposant les motifs du premier de ces projets, le ministre s'exprima en ces termes :

« Le projet intitulé : *Des crimes et délits commis par la voie* « *de la presse ou tout autre moyen de publication*, repose sur un « principe fort simple, ou plutôt sur un fait : c'est que la presse, « dont on peut se servir comme d'un instrument pour com- « mettre un crime ou un délit, NE DONNE LIEU CEPENDANT A LA « CRÉATION NI A LA DÉFINITION D'AUCUN CRIME OU DÉLIT PARTICULIER « ET NOUVEAU. De même, en effet, que l'invention de la poudre « a fourni aux hommes de nouveaux moyens de commettre le « meurtre, sans créer, pour cela, un crime nouveau à inscrire « dans les lois pénales, de même l'invention de l'imprimerie n'a « rien fait de plus que leur procurer un nouvel instrument de « sédition, de diffamation, d'injure et d'autres délits de tout « temps connus et réprimés par les lois. Ce qui rend une action « punissable, c'est l'INTENTION de son auteur, et le mal qu'il a « fait ou voulu faire à un individu ou à la société ; qu'importe « que, pour accomplir cette intention et causer ce mal, il ait « employé tel ou tel moyen ? La prévoyance des lois pénales

« atteindrait le crime quand même l'instrument mis en usage
« par le coupable aurait été jusqu'alors complétement ignoré.»

« De ce fait, qui est évident par lui-même, découle une
« conséquence également évidente, c'est qu'il n'y a pas lieu à
« instituer, pour la presse, une LÉGISLATION PÉNALE DISTINCTE.
« LE CODE PÉNAL CONTIENT L'ÉNUMÉRATION ET LA DÉFINITION DE
« TOUS LES ACTES RECONNUS NUISIBLES A LA SOCIÉTÉ, ET PARTANT
« PUNISSABLES ; que l'un de ces actes ait été commis ou tenté
« par la voie de la presse, l'auteur doit être puni à raison du
« fait ou de la tentative, sans que la nature de l'instrument
« qu'il a employé soit, pour lui ni contre lui, d'aucune consi-
« dération. En d'autres termes, il n'y a point de délits particu-
« liers de la presse; mais quiconque fait usage de la presse,
« est responsable, *selon la loi commune*, de tous les actes auxquels
« elle peut s'appliquer.

« Par là disparaît cette difficulté qu'a si souvent embarrassé
« les législateurs et les publicistes, savoir ; *la définition de*
« *prétendus délits spéciaux* appelés délits de la presse. Ces délits
« ne sont autres que ceux dont *la définition se trouve dans les lois*
« PÉNALES ORDINAIRES qui prévoient et incriminent tous les actes
« nuisibles, sans s'inquiéter du moyen auquel le coupable a eu
« recours. Par là est démontrée en même temps l'inutilité
« de cette pénalité d'exception dans laquelle on a cherché
« longtemps un remède contre les abus de la liberté de la
« presse, et *qui n'a produit que des lois tantôt oppressives, tantôt*
« *impuissantes*. La presse *rentre*, comme tout autre instrument
« d'action DANS LE DROIT COMMUN ; et, en y rentrant, elle n'ob-
« tient aucune faveur qui lui soit propre, elle ne rencontre
« *aucune hostilité* qui lui soit particulière. »

Benjamin Constant crut d'abord, comme quelques libéraux,
que la loi présentée n'était qu'un piége ou une arme à deux
tranchants. Les dispositions vagues de l'art. 1er surtout, l'ef-
frayaient, il s'était donc inscrit contre le projet ; mais, quand il
eut entendu les *déclarations solennelles* de M. de Serres, il s'exprima de la sorte :

« Inscrit contre le projet, je reconnais pourtant que son
« premier principe est digne d'approbation. Avec des amen-

« dements, il sera possible de développer le bien dont il
« contient le germe. *Il repose sur une maxime profondément*
« *vraie, éminemment salutaire, celle que la presse n'est qu'un*
« *instrument qui ne donne lieu à la création ni à la défini-*
« *tion d'aucun crime ou délit particulier et nouveau.* Cette décla-
« ration franche et loyale est un pas immense dans la carrière
« des idées saines et véritablement constitutionnelles. La
« presse, déclarée un simple instrument, perd aux yeux du
« gouvernement le caractère d'hostilité spécial qui a suggéré à
« tous les gouvernements tant de fausses mesures ; elle perd
« aussi aux yeux des amis trop ombrageux de la liberté ce titre
« chimérique à une inviolabilité exagérée que réclamaient
« pour elle, à des époques terribles, des hommes qui voulaient
« en abuser. Elle redevient ce qu'elle doit être, un moyen de
« plus d'exercer une faculté naturelle, moyen semblable à tous
« ceux de divers genres dont les hommes disposent, et qui doit,
« de même que tous les autres, être libre dans son exercice
« légitime, et réprimé seulement dans les délits qu'il peut en-
« traîner. »

Lorsqu'après l'adoption par la Chambre des députés du projet de la loi pénale sur la presse, M. le garde des sceaux se pré-
senta devant la Chambre des pairs pour lui soumettre le même
projet, il en exposa de nouveau les motifs ; mais ici la tâche de-
vait être et plus facile et plus courte. Les discussions approfon-
dies de la seconde Chambre avaient posé et résolu toutes les
difficultés du sujet, et les pairs de France avaient déjà pu se
pénétrer de l'ensemble et des détails de la loi.

Ainsi qu'il l'avait fait dans son premier rapport, le ministre
considéra la presse comme un instrument de la même nature
que tous ceux qui peuvent servir à commettre des crimes ou
des délits. Il posa le principe que ce qui constitue le crime et
le délit, c'est le préjudice porté méchamment à la société ou à
ses membres, quel que soit le moyen que le coupable ait employé pour causer ce préjudice. « La manifestation de la pen-
« sée peut, — ajouta-t-il, — comme toute autre action de
« l'homme, servir le désir de nuire et attaquer criminellement
« ou la société ou les individus qui la composent. C'est un
« moyen qui peut offrir au crime ou au délit de nouvelles faci-

« lités, mais *qui ne crée pas des crimes ou des délits d'un ordre*
« *spécial ;* et ce que je dis ici de la manifestation de la pensée
« par rapport aux autres manières qu'ont les hommes de se
« rendre coupables aux yeux de la loi, doit se dire également de
« la presse par rapport aux autres voies qui servent à la mani-
« festation de la pensée. L'invention de la presse n'a point in-
« venté des crimes ; ceux à qui elle est venue offrir un instru-
« ment nouveau étaient connus, punissables et punis avant sa
« naissance.

« Il ne faut donc point ici *de nouvelles définitions.* Tous les
« méfaits dont la répression va nous occuper sont écrits et
« définis d'avance dans nos lois, et celle que nous vous propo-
« sons aujourd'hui ne peut avoir d'autre objet que de fixer les
« peines qui devront leur être appliquées, *lorsqu'ils auront été*
« *commis au moyen de la presse ou par toute autre voie de publi-*
« *cation.* »

II

Ainsi donc, voilà qui est bien expliqué : pas de crimes et de
délits nouveaux ; la loi pénale existante maintenue et confirmée
dans toute son économie.

Que s'est-il passé dans le cas de Gustave Maroteau ?

La loi de 1819, telle qu'elle a été comprise et appliquée par
le 3ᵉ Conseil de guerre, nous reporte, d'un bond en arrière, au
règne du bon plaisir, aux pratiques des parlements, qui, in-
vestis du droit de *veto* sur les lois, avaient, en outre, la haute
police et le jugement des cas d'infraction à leurs propres actes,
et qui ont rempli d'arrêts inexplicables l'immense intervalle
écoulé depuis la prohibition des Psaumes de David traduits par
Marot jusqu'au supplice du jeune la Barre.

Maroteau, condamné à mort pour avoir publié, le 18 avril
1871, qu'il fallait faire mourir l'archevêque de Paris, si on ne
l'échangeait pas contre Blanqui ! C'est tout simplement un
anachronisme judiciaire.

J'admets un instant que X... ait conçu le projet criminel
d'attenter aux jours de l'archevêque : il a résolu d'être son
bourreau ; il a acheté à cet effet un revolver et des balles ; il a

pris jour, et il se rend à la prison de Mazas où se trouve la victime. Mais là, il sent son cœur faiblir, les bons sentiments reviennent, il renonce à son projet : X... *ne sera pas coupable*, suivant les règles du droit commun ; il ne pourra être jugé, *même pour la tentative*, la tentative *légale* étant celle qui a été suivie d'un commencement d'exécution. Exemple : X... a tiré un coup de revolver à bout portant sur sa victime, mais un étranger est intervenu et a fait dévier l'arme. Rien de pareil n'existe dans le cas de X...

Voilà les règles : elles sont élémentaires.

Et Maroteau, qui a seulement écrit, le 18 avril, un article insensé, qui n'a jamais vu les gens qui ont assassiné monseigneur Darboy le 24 mai, serait puni de la peine de mort !

Mais alors les juges ont constitué un crime nouveau, contrairement aux dispositions de la loi du 17 mai 1819.

III

D'où provient cette étrangeté ?

Tout simplement de ce que MM. les président et juges du 3ᵉ Conseil de guerre ont interprété l'article 1ᵉʳ de la loi du 17 mai 1819, en gens du monde, non en légistes ; de ce que, improvisés magistrats *de par l'état de siége*, ils ont dû, en un jour, en une heure, étudier et appliquer des textes que les hommes du métier mettent des années entières à approfondir, sur lesquels de vieux magistrats délibèrent encore, malgré leur grande et honorable expérience, quand il s'agit d'appliquer une peine... et surtout la peine capitale.

Les premiers juges se sont dit (je me répète avec intention) :

1°. Art. 1ᵉʳ. « Sera réputé complice et puni comme tel... » *Réputé* signifie que le crime existe sans qu'il soit utile de rechercher la preuve légale.

2°. L'art. 59, combiné avec l'art. 302 du Code pénal, punit de la peine de mort le complice d'assassinat.

D'où..... Maroteau condamné à mort !

C'est aller trop vite à la besogne ; il fallait d'abord établir la COMPLICITÉ par PROVOCATION, deux mots inséparables dans l'espèce. Ce n'est pas l'art. 59, ni l'art. 302, qui devaient faire à cet égard jaillir la lumière c'est l'art. 60 du Code pénal, dont les termes sont restrictifs et ne peuvent être étendus d'un cas à l'autre. (*Sic*, Chauveau et Hélie, tome I, page 455; Carnot, Code pénal, art. 60, n° 2.)

D'ailleurs, le législateur de 18!9 l'a encore nettement exprimé. M. le duc de Broglie, rapporteur de cette loi devant la Chambre des pairs, en la montrant supérieure même aux lois anglaises, s'exprimait de la sorte :

« En ce point, comme à tous autres égards, nous ne crai-
« gnons pas de l'affirmer, le nouveau projet de loi est infiniment
« plus favorable à la liberté et à la raison que la législation
« anglaise. Que trouvons-nous, en effet, dans cette législation?
« Quels sont les actes, analogues à ceux dont nous nous occu-
« pons, qui soient incriminés et punis? Ce sont *des tendances*
« *à aliéner l'esprit du peuple de la Constitution sous laquelle il vit,*
« *à le rendre mécontent de l'administration, à engendrer la méfiance*
« *ou la malveillance, à avilir le gouvernement; des excitations à un*
« *acte illégal,* sans expliquer lequel. Aussi, qu'est-il résulté de
« ces indications vagues et sans rapport avec aucune donnée
« positive et uniforme ? Que l'histoire de la législation anglaise,
« en cette matière, est presque aussi célèbre par des absolutions
« scandaleuses, que par des condamnations oppressives ; que
« la loi sur le libelle a tous les caractères d'une arme placée
« entre les mains du plus fort, mais qui ne peut être maniée
« que par lui. Qu'enfin si, ce qui n'est pas rare, le plus fort
« dans l'opinion du jour n'est pas le gouvernement, il n'y a
« plus aucune justice à espérer ; la licence marche le front
« levé. On a vu, dans le court intervalle de trois ans, quarante-
« deux poursuites pour libelles, commencées par l'*attorney*
« général, et abandonnées par lui. On a vu, dans un seul jour,
« vingt écrivains politiques traduits en justice, et ces vingt
« écrivains mis hors de cause b'entôt après, sans avoir
« même été jugés.

« Ce mélange d'injustice et d'impunité ne peut certaine-
« ment résulter des trois premiers articles du projet de loi ;
« ils sont conçus avec une sagesse digne de remarque, et sur

« laquelle nous prions la Chambre de fixer son attention.

« On trouve *à l'art.* 60 *du Code pénal :* « *Seront punis comme* « *complices d'une action qualifiée crime ou délit ceux qui, par dons,* « *promesses, menaces, abus d'autorité ou de pouvoir, machinations* « *ou artifices coupables, auront provoqué à cette action.* »

« VOILA DONC, AUX TERMES DE LA LÉGISLATION QUI NOUS RÉGIT, « *les provocations incorporées au délit lui-même, confondus par* « *conséquent dans la même définition;* ET CELA, ATTENDU « QU'AYANT ÉTÉ SUIVIES D'UN EFFET, LE CODE NE LES « REGARDE POINT COMME DIVISIBLES DE CE DÉLIT. »

IV

Est-ce que jamais, depuis 1819, il a pris fantaisie à aucun tribunal de méconnaître l'esprit de cette loi, tel qu'il a été défini par ceux-là mêmes qui l'ont débattue, introduite dans notre législation? Je mets au défi qui que ce soit de produire un arrêt qui, dans l'espèce, eût osé séparer l'art. 60 de l'art 59. Qu'on le fasse, et je passe condamnation.

Je citerai, au contraire, de nombreux arrêts de cassation qui établissent l'inséparabilité des prescriptions de la loi de 1819, avec les prescriptions des art. 59 et 60 du Code pénal.

V

Il y a plus. Il a été décidé, par arrêt de cassation, que non-seulement la question de complicité doit être posée au jury, mais qu'il est nécessaire encore que les artifices au moyen desquels l'accusé aurait provoqué à un crime, soient reconnus et déclarés par le jury être des artifices *coupables.*

MM. Chauveau et Hélie (tome II, page 112), et Rauter (n° 112) ont une doctrine conforme à la jurisprudence.

Quelles sont donc les questions posées et résolues contre Maroteau? Les voici :

« 1re *Question.* — Est-il constant qu'un attentat ayant pour « but d'exciter à la guerre civile en armant ou en portant les « citoyens à s'armer les uns contre les autres, a été commis à « Paris, du 18 mars à la fin de mai 1871 ?

« 2ᵉ *Question.* — Maroteau (Gustave) est-il coupable d'avoir
« provoqué à l'attentat ci-dessus spécifié, par des écrits rendus
« publics, notamment dans le numéro du 18 avril du journal
« *la Montagne*, dont il était le rédacteur en chef ?

« 3ᵉ *Question.* — Est-il constant que le 24 mai dernier, à
« Paris, un homicide volontaire a été commis sur la personne
« de Mgr Darboy, archevêque de Paris ?

« 4ᵉ *Question.* — Cet homicide volontaire a-t-il été commis
« avec préméditation ?

« 5ᵉ *Question.* — Le nommé Maroteau (Gustave) est-il cou-
« pable d'avoir provoqué à l'assassinat de Mgr Darboy, par des
« écrits rendus publics, notamment dans le numéro du 21 avril
« du journal *la Montagne*, dont il était le rédacteur en chef ?

« 6ᵉ *Question.* — Est-il constant que dans les mois d'avril et
« mai 1871, à Paris, des effets mobiliers ont été pillés, en
« bande et à force ouverte, dans des églises, notamment dans
« l'église Notre-Dame-des-Victoires ?

« 7ᵉ *Question.* — Le nommé Maroteau (Gustave) est-il cou-
« pable d'avoir provoqué au crime ci-dessus spécifié par des
« écrits rendus publics, notamment dans le numéro du 22 avril
« du journal *la Montagne*, dont il était le rédacteur en chef ?

« 8ᵉ *Question.* — Est-il constant que dans les mois d'avril et
« mai 1871, à Paris, des effets mobiliers ont été pillés, en
« bande et à force ouverte, dans des propriétés particulières, et
« notamment dans l'hôtel de M. Thiers ?

« 9ᵉ *Question.* — Le nommé Maroteau est-il coupable d'avoir
« provoqué au crime ci-dessus spécifié par des écrits rendus
« publics, et notamment dans le numéro du 5 avril du journal
« *la Montagne*, dont il était le rédacteur en chef ?

« 10ᵉ *Question.* — Le nommé Maroteau est-il coupable d'avoir
« sciemment publié des nouvelles fausses, notamment dans le
« numéro du 9 avril du journal *la Montagne*, dont il était le ré-
« dacteur en chef ?

« 11ᵉ *Question.* — Cette publication a-t-elle été faite de mau-
« vaise foi ?

« 12ᵉ *Question.* — Cette publication était-elle de nature à
« troubler la paix publique ?

« 13ᵉ *Question.* — Le nommé Maroteau est-il coupable d'offense envers le chef du gouvernement par des écrits rendus « publics, notamment dans le numéro du 22 avril du journal « *la Montagne*, dont il était le rédacteur en chef ? »

C'est tout !

Eh bien ! je suis épouvanté en relisant ces questions, car je me mets à la place des juges, et je vois que Maroteau, par les oublis commis, a été fatalement conduit à la mort.

Comment ! dans ces treize questions, le mot de « complice » ne se trouve pas inscrit une seule fois !

Maroteau serait donc alors auteur principal ? Cela n'est pas possible. Relisez l'article 1er de la loi du 17 mai 1819, et réfléchissez à ces mots : « Puni comme complice. »

Cela est si vrai, que l'accusation s'est appuyée sur l'art. 59 du Code pénal, punissant le complice de la même peine que l'auteur principal ; que l'arrêt a visé ce fameux art. 59. Mais que vaut donc l'échafaudage construit par le Ministère public, si tout d'abord et comme *base* de son argumentation, il n'a pas défini la *complicité* ?

Que devient, enfin, l'arrêt du 3e Conseil de guerre, quand on constate que les juges, s'appuyant sur l'art. 59 pour jeter un pont par-dessus l'art. 60 et aboutir à la peine de mort édictée par l'art. 302, n'ont oublié qu'une chose : asseoir les culées du pont sur un terrain solide ?

Ici, en effet, qu'on le sache bien, surtout quand des magistrats sont à la fois juges et jurés, il est de toute nécessité qu'ils aient été appelés à se prononcer sur des faits déclarés constants, et pour appliquer la peine du complice, il faut avant toute chose définir et établir la complicité. — Là seulement on trouve le terrain solide, le fait constant dans son origine, dans son essence, en même temps que dans ses résultats.

Par les motifs exposés et autres à suppléer,

JE CONCLUS à l'annulation de l'arrêt rendu par le troisième conseil de guerre contre Gustave Maroteau ; la peine prononcée n'ayant pas été appliquée aux faits déclarés constants, et la peine ayant été, de toute façon, prononcée en dehors des cas prévus par la loi.

Léon BIGOT,
avocat.

18 octobre 1871.